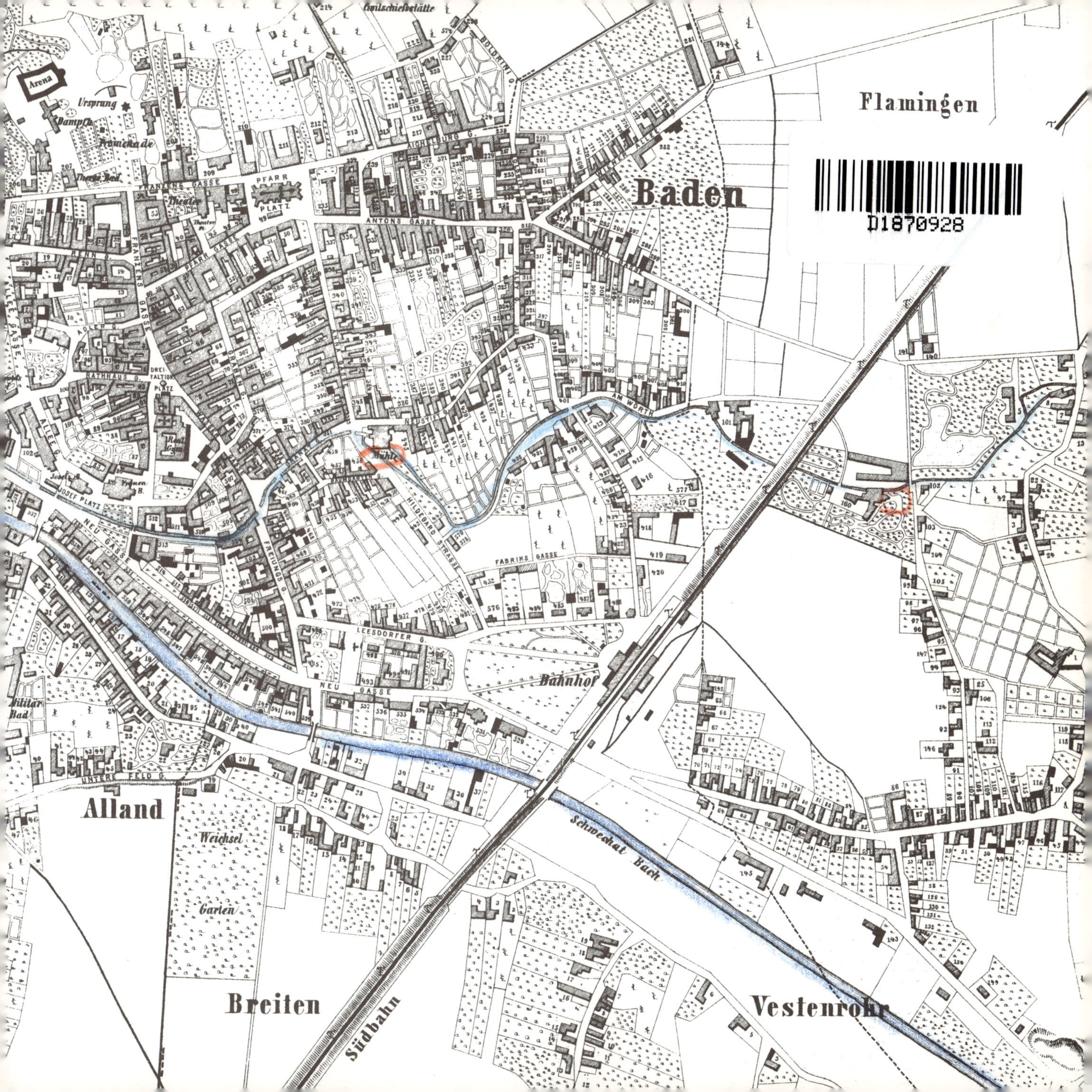
Flamingen
Baden
Arena
Ursprung
Promenade
Franzens Gasse
Pfarr Platz
Theater
Antons Gasse
Pfarr Gasse
Rathaus G.
Allee G.
Am Wörth
Neustift
Mühle
Josefs Platz
Neu Gasse
Hildegard Strasse
Fabriks Gasse
Leesdorfer G.
Bahnhof
Militär Bad
Untere Feld G.
Alland
Weichsel
Garten
Schwechat Bach
Breiten
Südbahn
Vestenrohr

Das alte Baden

Viktor Wallner

Das alte Baden

BILDBAND
J&V
JUGEND & VOLK

Umschlagbild: Blick vom Kurpark auf Baden um 1910
Rückseite: Der Hauptplatz von Baden vor 1900

ISBN 3-224-17570-2

Umschlaggestaltung: Bruno Wegscheider
Druck und Bindung: Druckhaus Grasl, Bad Vöslau
94 08 20/40/1

Die Stadt Baden liegt 26 km südlich der Bundeshauptstadt Wien, an der Grenze zwischen dem Ostrand der östlichen Kalkalpen mit der Thermenlinie und dem Westrande des Wiener Beckens. Ihr Stadtgebiet umfaßt 2.689 ha, sie zählt 29.792 Einwohner (1993). 15 muriatisch-sulphatische Schwefelthermen, die mit einer Temperatur zwischen 26,6° und 35,8° C täglich rund 6.000.000 l Schwefelwasser schütten, machen sie zu einem bekannten Heilbad und Kurort für die Behandlung aller Krankheiten des rheumatischen Formenkreises. Der pannonische Klimaraum begünstigt den Luftkurort, gibt aber vor allem auch dem Wein gute Entwicklungsmöglichkeiten. Neben dem Bäderwesen ist daher der Weinbau eine wichtige Erwerbsgrundlage. Er produziert 12.000 hl Wein im Jahr, der hauptsächlich beim „Heurigen“ ausgeschenkt wird. Die Arbeitsbevölkerung verteilt sich zu rund 28% auf Industrie und Gewerbe, zu 70% auf Dienstleistungen und zu 2% auf Land- und Forstwirtschaft. Der „zentrale Ort“ und der „Kurort“ bestimmen daher die Wirtschaft Badens. Das Heilbad besitzt 3000 Betten (1994), wovon 1101 der Kategorie A1 angehören. 1980 zählte Baden 686.163 Nächtigungen als bestes Ergebnis der Nachkriegszeit, der Ausländeranteil betrug dabei 40%.

Baden ist uralter Kulturboden. Seine Besiedlung läßt sich bis in die ältere Steinzeit zurückverfolgen, ein besonderer Abschnitt der Jungsteinzeit (2500 bis 2000 v. Chr.) wird als „Badener Kultur“ bezeichnet. Die Römer nützten die Thermen unter dem Namen „Aquae“ als Badeort („Itinerarum Antonini“, Straßenkarte aus dem 3. Jhdt. n. Chr.). 869 findet sich in einer Urkunde der deutsche Name „Padun“. Im Jahre 1480, während der Ungarnkriege gegen Matthias Corvinus, erhebt Kaiser Friedrich III. Baden zur Stadt und gibt ihr ein Wappen – ein nackter Mann und eine nackte Frau in einem Badeschaff – , das auch ohne heraldische Kenntnisse auf die Mehrzweckfunktion des Kurorts für Gesundheit und Vergnügen hinweist. Türkennot (Zerstörung 1529 und 1683), Reformation und Gegenreformation, die Pest (zum letztenmal 1713) und zwei riesige Brände (1714 und 1812) erschüttern die Stadt jedesmal bis in die Grundfesten. Der Wein und die warmen Quellen sichern ihr aber immer wieder den Aufbau. Ab dem 18. Jahrhundert beginnt eine zielstrebige Kurortpolitik (Erwerbung des Herzoghofes und des Ursprungsbades 1716). Sie begründet Badens Glanzzeit, da Kaiser Franz I., besonders durch seine Aufenthalte von 1803–1835, die Stadt gleichsam zu seiner „Sommerresidenz“ macht, was schließlich den Hof, die Hocharistokratie, den Geldadel und die Kunstwelt in die Stadt bringt. Was in Europa Rang und Namen hat, trifft sich im Badener Kurpark! Mit dem Tod von Kaiser Franz endet diese Epoche, weil sein Nachfolger Ferdinand I. Baden meidet – eine verständliche Abneigung, da 1832 der Hauptmann Franz Reindl in der Marchetstraße ein Attentat auf ihn verübt – und Kaiser Franz Joseph I. ab 1849 Bad Ischl zu seinem Sommeraufenthalt macht (nicht umsonst ist er einer der „Salzprinzen“).

Drei Ereignisse verhinderten danach den Abstieg Badens in die Bedeutungslosigkeit: 1841 erreichte die Südbahn die Stadt und eröffnete durch die größere Wien-Nähe den Aufstieg zum bürgerlichen Nobelkurort. 1848/49 wurde Baden dann wegen seiner Loyalität zum Fluchtort für die „Gutgesinnten“ aus Wien und erhielt als „Reaktionärsnest“ den Spitznamen „Schwarzgelbowitz“, was einige Erzherzöge wahrscheinlich später

dazu bewegte, ihre „Residenzen“ gleichsam als „Nebenhöfe“ zum Kaiserhaus am Hauptplatz den Sommer über nach Baden zu verlegen. 1850 wurden schließlich aufgrund des Reichsgemeindegesetzes von 1849 zwei neue Gemeinden formiert: *Baden*, das sich die Herrschaften Leesdorf und Gutenbrunn einverleibte, und *Weikersdorf*, welches den restlichen Herrschaftsbesitz um die Stadt vereinigte. In schöner Regelmäßigkeit lehnte dann jeweils eine der beiden Gemeinden jede Zusammenlegung ab, bis 1912 die Brüder Josef und Dr. Franz Trenner – wie im Märchen – als Bürgermeister in beiden Orten die „Streithanseln“ – nicht ohne geschäftsordnungsmäßige Tricks – zusammenbrachten. Seit 1868 bestand zwar ein „gemeinsamer Kurrayon“, aber die jeweiligen „Gesetzesübertreter“ zeigten weiterhin den Ortspolizisten lachend die lange Nase, wenn sie über die Schwechatbrücken in die andere Gemeinde wechselten. Dabei baute man im damaligen Weikersdorf fast mehr als in Baden (was die Badener heute großartig übersehen), so daß die Konkurrenzsituation den Ausbau von Kurort und Heilbad beflügelte und zu gemeinsamem Handeln zwang. Die Nähe zur Reichshaupt- und Residenzstadt machte über weite Abschnitte hindurch die Wiener Gesellschaft auch zur Badener und bewirkte eine Urbanität, die so kleinen Städten sonst fremd ist und die M. G. Saphir Baden „ein kleines Wien in Aquarell“ nennen ließ.
Die Südbahn vermehrte nun den Tagesfremdenverkehr und ließ erstmals die Idee entstehen, in Baden zu wohnen und in Wien zu arbeiten. Das Wiener Großbürgertum – oft erst vor kurzem geadelt – siedelte sich dann vor allem in der Gründerzeit an. Von den rund 107 Villen der Jahre zwischen 1811 und 1890 stammen 25 aus den vierziger, je 9 aus den fünfziger und sechziger, 22 aus den siebziger und 43 aus den achtziger Jahren. Ein besonderer Wechsel der Besitzer fand nach dem Ersten Weltkrieg (Inflation), vor dem Zweiten Weltkrieg (Enteignung der jüdischen Mit-

bürger) und vor bzw. nach dem Staatsvertrag von 1955 statt. Das Denkmalschutzproblem in Baden nach 1945 betraf daher vordringlich die durch die Besatzungsmacht abgewohnten Villen oder solche Gebäude, deren Besitzer gar nicht in Österreich waren, wobei sich verhältnismäßig wenige Eigentümer so große Einfamilienhäuser, die zudem auf Dienerschaft eingestellt waren, weiterhin leisten konnten. Es war daher kein Wunder, daß sie zu Spekulationsobjekten wurden und auf den großen Grundstücken oft Wohnhausanlagen entstanden, die stellenweise die Villenviertel durchsetzten (Marchetstraße, Weilburgstraße, Helenenstraße, Welzergasse). Vor dem Ersten Weltkrieg war aber alles noch nobel: Johann Strauß ließ seine „Fledermaus" in einem Kurort südlich von Wien spielen – keine andere Stadt als Baden konnte dies sein, Orlofsky-Villen und Parkanlagen gab es sonst nicht so leicht wo anders, nur der Gefängnisdirektor und sein „Vogelhaus" waren sicher „provinzieller". Arthur Schnitzler und seine Freunde siedelten danach die „fröhliche Apokalypse" des Fin de siècle hier an, und aus Franz Nabls Romanwerk winken uns die Häuser und Straßen Badens entgegen.
Die wachsende Ausdehnung, der Fremdenverkehr und die Wien-Nähe verlangten eine bessere Aufschließung. Die Südbahn ließ da den „Weltkurort" etwas im Stich – der Bahnhof blieb eine Haltestelle, der Frachtenbahnhof in Pfaffstätten bekam die Verschubgeleise. Über eine Doppelstation (1896) – und das unter ständigen Streitereien mit Mödling – kam er nicht hinaus. Dafür zuckelte schon 1873 die Pferdebahn der Badener Tramwaygesellschaft vom Südbahnhof nach Rauhenstein; ihre großspurig geplante Verlängerung bis zum Kommunalbad am Wiener Neustädter Kanal hat sie freilich nicht erlebt, bei der Remise in der Waltersdorferstraße war Endstation. Hochleistungsgeschwindigkeiten erreichte sie nicht, angeblich sollen sogar sehr langsame Spaziergänger sie ständig überholt ha-

ben, was dann mit ihrer Elektrifizierung ab 1894 freilich nur noch eine boshafte Fabel blieb. Über den Winter war sie eingestellt, ihre Wagen halfen in Abbazia aus. 1895 ging die „Elektrische“ nach Bad Vöslau in Betrieb, die bei den engen Kurven zum Gaudium der Schulbuben oft aus den Schienen sprang. Seit 1899 fuhren auch die kleinen roten Waggons der Ring-Rund-Linie, im selben Jahr verbanden die Wiener Lokalbahnen sogar Leesdorf mit Guntramsdorf, wo die Dampftramway nach Wien wartete, bis 1907 der durchgehende Verkehr vom Josefsplatz bis zur Wiener Oper aufgenommen wurde. Ab 1931 ergänzte ihn eine Autobuslinie. Eine geplante Wienerwaldbahn von Gramatneusiedl nach Rekawinkel erhitzte von den achtziger Jahren bis zum Ersten Weltkrieg die Gemüter in Baden und Weikersdorf, kam aber nie zur Ausführung. So wurde das Waldtal bis Alland vor dem Ersten Weltkrieg mit Autobussen erschlossen. Zur Cholerakapelle und Krainerhütte führten private Linien. An Unternehmergeist hat es also nicht gefehlt! Der ließ sogar noch unter dem biedermeierlichen Langzeitbürgermeister Johann Nepomuk Trost 1863 zwei englische Firmen für Gasbeleuchtung (1865) nach Baden kommen (das Gaswerk entstand in der Waltersdorferstraße, der „Teleskop-Gasbehälter“ von 1907 bestimmte bis weit nach dem Zweiten Weltkrieg die „Skyline“ von Leesdorf), bis 1894 nach heftigen Kämpfen die elektrische Beleuchtung Einzug hielt und gemeinsam mit den Bahnen das erste Kraftwerk hinter der Remise und ein „Transformatorenwerk“ in der Renngasse benützte.
Das „Kaiserhaus“ am Hauptplatz verlor zwar seine Bedeutung – es wurde unter Ferdinand I. und Franz Joseph I. praktisch eine Art „Sommerfrischenabsteige“ für Mitglieder des Erzhauses (etwa Erzherzog Karl Salvator) – , dafür traten eine Reihe von „Nebenhöfen“ in den Vordergrund, die sich noch unter Franz I. entwickelt hatten oder später nach Baden gekommen waren. Die kaiserlichen Hoheiten bestimmten im Sommer das

gesellschaftliche Leben, sorgten für eine Menge Arbeitsplätze und wirkten als Protektoren und Sponsoren der Badener Vereine, Einrichtungen und Veranstaltungen vom Parkfest bis zum Krankenhaus. Ihre Namen prägen bis heute das Straßenbild der Stadt, zahlreiche Besucher kamen nicht zuletzt ihretwegen nach Baden. Zu diesen Nebenhöfen der Erzherzöge zählten die Weilburg (Erzherzog Albrecht, der Sieger von Custozza 1866, hatte sie von seinem Vater geerbt und war als militärische Legende der Habsburger der wichtigste Vertreter des Erzhauses nach Franz Joseph I., er bewohnte die Weilburg mit seiner Frau Erzherzogin Hildegard. Nach ihnen nahm der Adoptivsohn Albrechts, Erzherzog Friedrich, Oberbefehlshaber der österreichisch-ungarischen Armee im Ersten Weltkrieg, mit seiner Frau Isabella diese Stellung ein), die „Rainer-Villa" (1873 von Erzherzog Rainer dem Jüngeren und seiner Frau Marie Rainer erworben, die beide mit Baden besonders eng verbunden waren) und die „Eugen-Villa" (zuerst im Besitz des Hoch- und Deutschmeisters Erzherzog Wilhelm, der 1894 einem Reitunfall bei der Hildegard-Brücke erlag, als er sein Pferd an die neue Elektrische gewöhnen wollte. Erzherzog Eugen, Kommandant der italienischen Front im Ersten Weltkrieg, übernahm nach ihm den Sommersitz). Die Habsburger und ihr Hofstaat gehörten damit zur Badener Gesellschaft, die Badener Lokalblätter lasen sich wie Hofberichte, die Feste der kaiserlichen Familie waren die Feste der Stadt. Neben diesen Höfen spielten noch das Schloß und die Herrschaft Weikersdorf der Doblhoff-Diers eine Rolle, deren Familie bedeutende Vertreter in der österreichischen und in der lokalen Politik stellte. Dagegen tritt das Schloß Leesdorf zurück; seine Besitzer wechselten oft, und erst unter Heinrich von Baltazzi (1907–1929) und der Verstrickung der Familie in die Mayerling-Affäre wurde es – und da eher hinter vorgehaltener Hand – in der guten Gesellschaft erwähnt.

Baden wurde noch einmal „Kaiserstadt“, als Kaiser Karl I. Ende 1916 das Oberkommando der österreichisch-ungarischen Armee nach Baden verlegte. Die Pfarrschule und eine große Anzahl von Hotels wurden als Kommandostellen und Unterkünfte verwendet und drei Barackenlager (auch für Kriegsspitäler) ausgebaut. Die Familie des Kaisers wohnte in Laxenburg und im Kaiserhaus am Hauptplatz. Das fünfte Kind Karl Ludwig kam in Baden zur Welt, und Kaiserin Zita wirkte als neue Protektorin. Das rief gewisse Spannungen zur Familie des Erzherzogs Friedrich hervor, dem Karl den Oberbefehl entzogen hatte. Solche hatte es zuvor schon mit dem Thronfolger Franz Ferdinand, dem Onkel Karls, gegeben, der eine Tochter Isabellas heiraten hätte sollen, statt dessen aber die feschere Hofdame der Frau Friedrichs, die Gräfin Chotek, morganatisch geehelicht hatte. Baden erhielt 1918/19 beim Abschluß des Waffenstillstandes mit der Entente, bei der Liquidierung der Monarchie und beim Beginn der Republik eine Schlüsselstellung: Anfang (1804) und Ende (1918) der österreichischen Monarchie lagen in dieser Stadt.
Berühmte Gäste wie die Habsburger förderten den Fremdenverkehr, der immer stark vom „Adabeisyndrom“ profitierte. Die Investitionen aus der Glanzzeit waren nicht mehr ausreichend, das Heilbad brauchte eine „Modernisierung“, Baden sollte „Weltkurort“ werden. Die Entwicklung vollzog sich zögernd: Parteipolitisch regierten in Baden bis 1919 die Liberalen in den verschiedensten Schattierungen, die dann von den Christlichsozialen abgelöst wurden. In Wirklichkeit aber beherrschte die Spannung zwischen einer als kleinstädtisch, verzopft und rückständig verschrieenen Gruppe Einheimischer und einem „fortschrittlichen“ Element, das durch Zuzug entstand und sich die verschiedensten Namen gab, die Szene. Seiner Meinung nach ging alles zögernd, halbherzig, verspätet und falsch vor sich, was 1897 zur Auflösung des Gemeinderates und der Einsetzung

eines Regierungskommissärs führte. Habsburgtreu und „deutsch“ waren alle Gruppierungen, „antisemitisch“ die meisten. Nach 1900 verdichtete sich dann die Parteienstruktur immer mehr auf drei Parteien: die Großdeutschen, die Sozialdemokraten und die Christlichsozialen, die als Mehrheitspartei seit 1924 unter Bürgermeister Kollmann allerdings am Ständestaat keine allzu große Freude zeigten. Dennoch spürt man trotz vieler Streitereien in den einzelnen „Schüben“, daß man die Zeichen der Zeit erkannte und die „Infrastruktur des Fremdenverkehrs“ laufend anpaßte: In den fünfziger Jahren wurden nach dem Bau der Sommerarena (1841) und der Mineralbade- und Schwimmanstalt (1847) der Kurpark um den Neupark erweitert, der Aeskulaptempel auf den heutigen Platz verlegt, die Dampf-Douche- und Wannenbäder gebaut und die hölzerne Trinkhalle vollendet (alle 1853). Die sechziger Jahre sahen die Erneuerung der Arena (1865) und des Herzoghofs (1864) und brachten die Erbschaft Straßern ein, die lange nicht genützt wurde. Von 1874 bis 1896 forstete der Stadtgärtner Josef Schaffhausen mühevoll den oberen Kurpark (Kalvarienberg) auf, den dann Josef Krupka in der Zwischenkriegszeit auf den heutigen Stand brachte. Dann bekam man in den siebziger Jahren vor dem eigenen Mut Angst und verkaufte in einer „Privatisierungswelle“, die völlig schief ging, die Bäder an die „Baden-Vöslauer Baubank“ (1872) bzw. deren „Hotel- und Bädergesellschaft“ (1873), die 1876 und 1887 liquidiert wurden, so daß die Gemeinde ab 1875 ihre Einrichtungen wieder zurückkaufen und selbst renovieren mußte (z. B. 1878 das Frauen- und Karolinenbad). Der aus 1869 stammende „Grüne Baum“ wurde 1876 zum „Grandhotel“ aufgestockt. In den achtziger Jahren gab die Stadt endlich dem Drängen der Presse nach und errichtete das Kurhaus als Gesellschaftszentrum, in dem man freilich auf die Gesundheit vergaß, und das Theresienbad (beides 1886); daneben entstanden der

Sacher (1881) und der Rudolfshof (1881). Zwischen 1890 und 1912 lief dann ein regelrechter Hotelbauboom ab (Central 1895, Goldener Löwe 1895, Kuranstalt Gutenbrunn 1897, Legenstein 1900, Goldenes Kreuz 1900, Quisisana 1901, Clementinenhof 1902, Weißes Kreuz 1906, Melanie 1907, Bristol 1907, Ebruster 1907, Erweiterung des Grünen Baums 1908, Herzoghof 1908/10, Esplanade 1912, Exquisite 1912, Silvana 1912, Bellevue 1920). Daneben wuchsen die Trabrennbahn (1893), der Undine-Brunnen (1903), die neue Arena (1906), das neue Theater (1909), das Lanner- und Strauß-Denkmal (1912) und die Städtische Kuranstalt im Kurpark (1902) zu. Der Erste Weltkrieg unterbrach diese Entwicklung in unheilvoller Weise. Die Zwischenkriegszeit wollte dann aus Baden das „Karlsbad von Österreich" machen: Die Fassung der Marienquelle (1924), das Strandbad (1926), die Trinkhalle (1928), die Erweiterung des Kurparks (1925) mit den Anlagen um den Beethoventempel, dieser selbst (1927/28) sowie das Spielcasino (1934) verliehen der Stadt auch für Gäste aus den Nachfolgestaaten der Monarchie neue Attraktivität. Auch in den Villengegenden errichtete man zahlreiche Neubauten in allen Formen des Historismus, so daß zum geschlossenen Stadtkern die Land- und Gartenstadt – besonders in Weikersdorf – kam. Die 5142 Einwohner Badens von 1851 waren bis 1938 auf rund 23.000 angewachsen, die Anzahl der Kurgäste von 6.513 Personen (1851) auf ca. 50.000 (1937) mit 750.000 Nächtigungen bei einer Bettenanzahl von rund 6.000.
Ein altes Sprichwort sagt: „Die Bean fliag'n furt, der Sumper bleibt" (die Bienen fliegen fort, der Sumper – Bienenkorb – bleibt). Nun hat „Sumper" auch noch eine bildliche Bedeutung, die nicht gerade schmeichelhaft für die Zurückgebliebenen klingt und die die übliche personelle Enge kleiner Orte charakterisiert. In Baden war das immer anders: Hier flogen immer genug Bienen zu. Das galt besonders für die Künstler: Das ungebun-

dene Leben in der Sommerfrische, im Kurort und im Heilbad sagte ihnen zu. Dazu kam der Wein: Das konservative Element stellte in Baden immer die Hauerschaft. Freilich erlebte sie in den achtziger und neunziger Jahren ihre schrecklichste Zeit. Die Reblaus stürzte viele in den Ruin. Die Selbsthilfeorganisation des Franz Schwabl und des Josef Gleichweit, ein Unterstützungsfonds der Sparkasse und eine einsichtsvolle Gesetzgebung mit Darlehen an die Geschädigten – der Badener Reichsratsabgeordnete Dr. Gustav Marchet hatte daran führenden Anteil – halfen ihnen wieder auf die Beine. Als Aussteck-Lokale dienten die oft sehr einfachen, ausgeräumten Wohnungen sowie Preßhäuser und Gärten. Nun kann der Wein zwar kein Genie hervorbringen, aber er löst und beflügelt es. Das hat die Künstler – in Baden besonders Literaten und Musiker – neben der Landschaft, den Bädern und Quellen, dem Kurpark mit der Kurmusik, den Kaffeehäusern und Restaurants und dem unkonventionellen Comment des Badelebens immer angezogen. Aus der Schar der Literaten wie etwa M. G. Saphir (1858 in Baden gestorben), L. Anzengruber, E. Bauernfeld, I. Fr. Castelli, F. Kürnberger, H. Laube, F. v. Saar, D. Spitzer, A. Wilbrandt, A. Schnitzler, Fr. Nabl, R. H. Bartsch oder J. Wenter ragt Franz Grillparzer mit seinem Stammplatz im Herzoghof und im Kurpark wie ein Fels heraus. 1865 wurde er Ehrenbürger. C. M. Ziehrer dirigierte 1865/66 die Kurmusik und förderte das Musikerheim, in dem er verarmt seine letzten Sommer nach 1919 verlebte. Carl Zeller verbrachte nach seiner Lähmung hier seinen Urlaub, und Karl Komzák wirkte über ein Jahrzehnt als berühmtester Dirigent des Kurorchesters. Während Alfred Grünfeld 50 Jahre lang sein Quartier im „Grünen Baum" hatte, lebte und komponierte Karl Millöcker in seinem Haus in der Albrechtsgasse 6 und starb in Baden. Daneben flatterten die Komponisten E. Kálmán, L. Fall, R. Genée, E. Eysler und Fr. Lehár um das Theater und die Arena wie die

Falter ums Licht. Kein großer Schauspieler, der in Wien auf einer Bühne stand, verschmähte das Badener Theater. Das spielte die Wiener Stücke meist sofort nach, und das Kurorchester unter K. Komzak, H. M. Wallner und K. Wiesmann genoß einen Weltruf, von dem sogar Stefan Zweig berichtete, der wie Werfel auch viel in Baden war. Der Papst der Musikkritiker, Eduard Hanslick, starb im Clementinenhof. Die Burgschauspielerin Katharina Schratt, die Freundin von Kaiser Franz Joseph, war eine Badenerin, und ihr Bruder Rudolf, der das Kunststück fertigbrachte, als Bergbauingenieur mit 26 Jahren in Pension zu gehen, verwendete dieses pikante Verhältnis im Gemeinderat, wenn kein anderes Mittel mehr verfangen wollte, zu der Drohung: „Gott sei Dank gibt es noch Se. Majestät den Kaiser!" Über die Reaktionen Franz Josephs schweigt die Geschichte. Neben der Schratt regte sich lebhaft die Emanzipation: Betty Paoli, die „schwarzgelbe Hyäne", Marianne Hainisch, die Mutter des ersten Bundespräsidenten und Initiatorin des Muttertags, sowie Adolfine Malcher sind mit dem Ringen um Frauenrecht und Frauenbildung eng verbunden. Bleiben noch die Politiker: Die Ministerpräsidenten Erzherzog Rainer, Dr. Karl v. Giskra und Paul Gautsch Freiherr von Frankenthurn sowie die Minister Anton Freiherr von Doblhoff, Graf Johann Rudolf Buol-Schauenstein, Graf Arthur Bylandt-Rheidt, Dr. Gustav Marchet, Emil Kraft, Josef Kollmann und Dr. Adolf Pilz zeigen, daß Baden keineswegs so ein „Krähwinkel" bildete, als das es zeitweise verschrieen war – abgesehen von der nicht gerade ruhmreichen Tatsache, daß Dr. Arthur Seyß-Inquart 1910 hier maturiert hat.

Der Wohnort Baden profitierte – wenn auch die Stadt dadurch immer ein teurer Platz blieb – von der „wechselseitigen Umwegrentabilität" des Kurorts Baden. Diese verlangte einfach eine moderne Infrastruktur, gleichzeitig auch eine Neuordnung der Verwaltung nach dem Reichsgemeindegesetz – nicht zuletzt in Zusammenarbeit der Gemeinde mit den Vereinen, die im neuen liberalen Staat als Beitrag zur bürgerlichen Selbsthilfe geradezu aus dem Boden schossen. Freilich ging alles ein bißchen zäh. Besonders gefördert wurde die Entwicklung durch die sogenannte „Erbschaft Straßern": Anton Ritter von Straßern (1814–1869) hinterließ der Stadt 1869 etwa 200.000 Gulden, die für Zwecke des Stadtausbaues verwendet werden mußten (er erhielt dafür ein großartiges Grabdenkmal!). Etappen dazu waren: die Einrichtung des Bezirksgerichtes im Rathaus (1850), die Schaffung einer Bezirkshauptmannschaft (1850/54), das Spital für skrofulöse Kinder (1852/56), der Ankauf des Redoutensaales (1860), der Deutsche Turnverein (1862), die Landesunterrealschule (1863), der Männergesangsverein (1863), der Gartenbauverein (1864), der Leseverein (1864), die Freiwillige Feuerwehr des Turnvereins (1865), die 1. Lokalzeitung „Badener Wochenblatt" (1867, ab 1868 „Badener Bote"), die Badener Sparkasse (1868), der Industrielle Bildungsverein (1868), der Politische Fortschrittsverein (1868), die Unterbringung des Weikersdorfer Rathauses in der Helenenschule (1870), die Gründung des Badener Vorschuß- und Kreditvereines (1870), das Israelitische Bethaus (1872/78) bzw. der Kauf des ganzen Areals durch die 1876 gegründete Israelitische Kultusgemeinde (1879), die Freiwillige Feuerwehr Weikersdorf (1873), der Bau der Aquädukte der Wiener Hochquellwasserleitung (1873), die Freiwillige Feuerwehr Leesdorf (1875), das Stadtarchiv (1875), die Pfarrschule (1878), die Aufschließung der Piperlquelle (1879), die endgültige Eingliederung von Leesdorf (1879), der Anschluß an die Wiener Wasserleitung mit 13 Auslaufbrunnen (1880), das „Badener Bezirksblatt" (1880, ab 1897 „Badener Zeitung"), die „Gesellschaft zur Verbreitung wissenschaftlicher Erkenntnisse" (1880), die Regulierung des Bahnparks (1882), die neue Schießstätte (1882), der Kauf des Leopoldshofes

(1883) einschließlich des Leopoldsbades, die Hildegardbrücke (1883), das a. ö. Rath'sche Krankenhaus (1883/85), der Grüne Markt am Brusattiplatz (1884), das Volksbad am Kanal (1885), der Gewerbliche Vorschuß- und Kreditverein Weikersdorf (1885), die evangelische Kirche (1887), die Valerieschule in Weikersdorf (1888), die Volksschule Leesdorf (1888), die Reblaus-Stiftung der Sparkasse (1888), die Eröffnung des Telefons auf interurbanen Linien (1888), der Zweigverein Baden des „Allgemeinen niederösterreichischen Volksbildungsvereines aus Krems" (1889), die Höhere Töchterschule (1891), der Trabrennverein (1892), der Bau der Trabrennbahn (1893), der „Verein der Niederösterreichischen Landesfreunde" (1893/94), die Gründung des „Politischen Bezirksvereines" (1894), die eiserne Brücke statt des Spulersteges (1894), der Umbau des Rathauses (1894/95), die Gründung der Rettungsabteilung der Freiwilligen Feuerwehr (1895), der Chirurgische Trakt im Krankenhaus (1897), der Bau der Franz-Josephs-Brücke (1898),die eiserne Eisenbahnbrücke (1898), das Gymnasium in der Biondekgasse (1899), die Eröffnung des Internationalen Sportplatzes (1900), die Elisabethbrücke (1900), der Bau der Wasserleitung und der Kanalisation (1902/03), das Badener Volksblatt (1902), die Gesellschaft für erweiterte Frauenbildung und Frauenberufe (1902), das Mädchenlyceum (1902), das Bezirksaltersheim (1903/05), das Kaiser-Franz-Joseph-Museum (1904), die Zeremonienhalle am Israelitischen Friedhof (1904), das Weikersdorfer Rathaus (1905), die Übernahme des Gaswerkes (1906), die Einjährige Haushaltungsschule mit Internat (1907), der Rainer-Pavillon im Krankenhaus (1909), der Anschluß Weikersdorfs an die Wasserleitung und an die Kanalisation (1911), die Zweijährige Frauengewerbeschule (1911), das Bezirkswaisenhaus (1912), die Vereinigung von Baden und Weikersdorf (1912), die Übernahme des E-Werkes (1912), die Baracken in der Vöslauerstraße, in der Braitner-

straße und am Sportplatz (ab 1915), die Dreijährige Höhere Lehranstalt für Frauenberufe (1916), die Eröffnung des Zitaheimes (1918), der Vergnügungspark der „Badenia“ im Doblhoffpark (1920), der Christlichdeutsche Turnverein (1922), die Badener Urania (1923), die Städtische Handelsschule (1924), die Eröffnung des „Gänsehäufels“ (1924), der Kauf des Gänsehäufels (1926), die Pachtung des Weilburgparks für das Strandbad (1930), die Badener Molkerei (1930), der zweite Rohrstrang der Badener Wasserleitung (1930), das Kriegerdenkmal am Pfarrplatz (1934), die Bestrebungen um Baden als Landeshauptstadt (1934), die Internationale Beethovengemeinde (1937), die Verlegung der Hauptanstalt der Sparkasse auf den Hauptplatz (1939) und die Eingliederung des Zitaheimes in das Krankenhaus (1938/39).
Im Zeitraum von 1850 bis 1938 – also in den rund 90 Jahren des „alten“ Badens – rollte eine gewaltige Entwicklung ab:
- Aus der verträumten einfachen Sommerfrische eines Biedermeierkaisers wurde der Nobel- und Weltkurort der Vor- und Zwischenkriegszeit mit einer fast großstädtischen Urbanität, die auf den drei großen „W“ - Wasser, Wein, Wien – aufbaute und diese durch die drei großen „B“ – Baden, Beethoven, Biedermeier – in den dreißiger Jahren unseres Jahrhunderts ergänzte.
- Das ein bißchen zurückgebliebene landesfürstliche Städtchen entwickelte sich zu einer modernen Stadt mit 23.000 Einwohnern, die zwar eine Kleinstadt blieb, in der man aber durch die für den Fremdenverkehr vorbildlich modernisierte Infrastruktur gar nicht kleinstädtisch lebte – eine „moderne Stadt im alten Kleid“. Dafür verantwortlich waren 13 Bürgermeister: 9 in Baden und 4 in Weikersdorf. In Baden amtierten Johann Nepomuk Trost, Apotheker (1832–1866); Wilhelm Germer, Handschuhfabrikant und Weichselrohrerzeuger (1866–1875; die Weichselrohrverar-

beitung, wie etwa jene zu Pfeifen, war ein wichtiger Wirtschaftszweig in Baden, das in der zweiten Hälfte des 19. Jahrhunderts von Weichselgärten im Osten und Südosten umgeben war, die vor allem den Familien Biondek und Trenner gehörten); Oskar Alexander Graf Christalnigg zu Gilitzstein, k. u. k. Major i. R. (1875–1888); Franz Breyer, Stadtbaumeister (1888–1894); Josef Witzmann, Hutmachermeister (1894–1897); Dr. Karl Hora, Advokat (Jänner–Mai 1898); Rudolf Zöllner, Musiker (1898–1904); Dr. Franz Trenner, Arzt (1904–1919) und Josef Kollmann, Kaufmann (1919–1938; 1945). Weikersdorf verwalteten Johann Schimmer, Kaffeehausbesitzer (1850–1872); Johann Hanny, Gastwirt und Weinhändler (1872–1876); Johann Pötschner, Kaufmann (1876–1903) und Josef Trenner, Weichselfabrikant (1903–1912).

- Zwischen Stadt und Heilbad stellte sich eine wechselseitige „Umwegrentabilität" ein, die über die kurörtlichen Einrichtungen wie Kurpark, Theater, Kurorchester, Bäder, Trabrennen und Casino einen Wohnort mit hohem Freizeitwert erzeugte. In dieser Funktion rangierten die Dienstleistungen einschließlich Handel und Gewerbe immer weit vor der maschinellen Fabrikation. Damit bildete Baden eine Enklave im Industrieviertel des südlichen Niederösterreich. Das Jahr 1938 beendete diese Entwicklungslinien: Baden wurde zur Garnisons- und Lazarettstadt, in der nach 1945 die russische Besatzungsmacht ihr Hauptquartier aufschlug. Erst in den sechziger Jahren unseres Jahrhunderts gewann die Stadt nach erheblichen Anstrengungen ihren alten Status wieder.

Daher zählt Baden zu einer Ausnahme unter den niederösterreichischen Städten: Es ist zwar kein Viertelsvorort, aber es ist diesen an Lebensqualität, Geschichte, Kultur und Ausstattung überlegen – nicht umsonst sprach man 1934 davon, es zur Landeshauptstadt zu machen.

Quellennachweis

Badener Bote, 1867–1880; Badener Bezirksblatt 1880–1896; Badener Zeitung ab 1897 (Einschlägige Nummern und Übersicht nach einer Aufstellung des Badener Volksschuldirektors Karl Klose).
Calliano, Gustav, Baden 1848 –1898. Baden 1898.
Calliano, Gustav, Biographische Skizzen aus Badens Gegenwart und Vergangenheit. 3 Teile, Baden 1912, 1913, 1920.
Fleischmann, Kornelius, Baden 1918–1948 (30 Jahre im Spiegel der Badener Zeitung). Verlag G. Grasl, Baden 1979.
Hermann, Dr. Walter, Die Kurstadt Baden bei Wien (Ein Führer durch den Kurort und seine Umgebung). Hg. vom Verein der Niederösterreichischen Landesfreunde, Baden bei Wien 1925.
Jellinek-Mercedes, Guy, Mein Vater, der Herr Mercedes. Paul Neff Verlag, Wien-Berlin-Stuttgart 1962.
Kurkommission (Hg.), Der Kurort Baden bei Wien (in Wort und Bild). Franz Deuticke, Wien-Leipzig 1900.
Martin, Waltraud de, Baden bei Wien in alten Ansichten. Europäische Bibliothek, Zaltbommel/Niederlande 1978.
Martin, Waltraud de, Kennt ihr sie noch... die Badener. Europäische Bibliothek, Zaltbommel/Niederlande 1984.
Nezval, Bettina, Villen der Kaiserzeit, Sommerresidenzen in Baden. Verlag Ferd. Berger und Söhne, Horn-Wien 1993.
Niel, Alfred, Baden anno dazumal. Verlag Nö. Pressehaus, St. Pölten 1980.
Reinöhl, Dr. Rainer von, Geschichte der Gemeinde Weikersdorf. K. Kravani, Wien 1912.
Reinöhl, Dr. Rainer von, Die Baudenkmale des Kurortes Baden bei Wien. Verein „Deutsche Heimat“, Wien o. J.
Rollett, Hermann, Beträge zur Chronik der Stadt Baden bei Wien. Verlag von Ferdinand Schütze, Baden bei Wien 1902.

Tausig, Paul, Berühmte Besucher Badens. Carl Konegen (Ernst Stülpnagel), Wien 1912.
Wallner/Hubmann, Baden bei Wien, Plauderei über eine Stadt. Verlag Nö. Pressehaus, St. Pölten 1980.
Wallner, Viktor, Kurze Geschichte der Kurstadt Baden bei Wien. Selbstverlag, Druckerei F. Philipp, Baden 1990.
Wallner/Weber, 200 Jahre Kurpark in Baden. In: „Neue Badener Blätter", 3. Jg., Nr. II, Druckerei G. Grasl, Baden 1990.
Weninger, Peter/Pflanzer, Hella, Baden bei Wien. Pinguin Verlag, Innsbruck 1993.
Wieser, Raimar/Heim, Hannes, Baden. Ein kleines Wien in Aquarell. Verlag G. Grasl, Baden 1990.

Bildnachweis

Für die großzügige Überlassung des Bildmaterials gebührt herzlicher Dank: den Städtischen Sammlungen-Archiv/Rollettmuseum der Stadtgemeinde Baden für das Gros der Photos, dem Archiv der Freiwilligen Feuerwehr Baden (Stadt) für ein Bild, dem Kaiser-Franz-Joseph-Museum in Baden für fünf, Herrn Dr. Hans Pötschner für drei und Frau Prof. Maria Wallner für drei Bilder.

*V**erkehrsverbindungen** nach Baden gibt es viele. Die wichtigste davon ist die Südbahn. Sie erreichte als „Wien-Raaber-Bahn“ 1841 die Stadt, wurde 1842 in „Wien-Gloggnitzer-Bahn“ umbenannt und hieß ab 1853 „K. k. Südliche Staatsbahn“. Mit ihr begann ein neuer Geschichtsabschnitt der Stadt: Billigere Fahrpreise sowie kürzere Fahrzeiten schlossen die Stadt als beliebte Sommerfrische noch enger an Wien und führten zu einem umfangreichen Bauschub, jetzt freilich bürgerlicher Villen.*

Der Bahnhof, 1925. Am 15. Mai 1841 wurde der Badener Bahnhof eröffnet. Leider blieb er bis heute eigentlich nur eine „Haltestelle", selbst sein Ausbau zur Doppelstation 1896 ließ ihn gegenüber dem Mödlinger Bahnhof stets zurückstehen. Der Platz vor dem Bahnhof mit dem Bahnpark (1882) bildete seit jeher neben dem Josefsplatz einen zweiten Verkehrsmittelpunkt: Die Pferdebahn nach Rauhenstein (1873), am Anfang die „Vöslauer Elektrische"(1895), die Ring-Rund-Linie (1899), die „Wiener Lokalbahn" (1899), die späteren Autobuslinien, die Fiaker, die Einspänner und nach ihnen die Taxis hatten oder haben hier ihre Haltestellen bzw. Standplätze. 1889 wurde von hier der Sarg mit der Leiche des Kronprinzen Rudolf nach Wien weiterbefördert.

JOSEF KASTL
Fourage

Ein ausgestorbener Beruf ist der des „Wasserers“ (links). Bis weit in die dreißiger Jahre unseres Jahrhunderts beherrschten die Pferde als Zugkräfte die Stadt, und für diese waren die „Wasserer“ das, was die „Dienstmänner“ für Reisende waren: Sie halfen beim Tränken und Füttern, säuberten den Platz, führten mit den Kutschern ihre „harben“ Sprüche, rochen stets nach Pferden und häufig auch nach den im Laufe eines Tages konsumierten „Krügeln“ und „Stamperln“. Einer der letzten „Wasserer“ war Anton Merschitz beim Gasthaus der Marie Brandner in der Braitnerstraße 33.

Am 20. Juli 1873 eröffnete die „Badener Tramway-Gesellschaft“ eine Pferdebahn vom Südbahnhof nach Rauhenstein. Daniel Spitzer witzelte über ihren Fahrplan, daß man bei den Ausweichstellen Leihbibliotheken wegen der Wartezeiten einrichten sollte. Im Winter verlieh man die Waggons nach Abbazia. 1894 übernahmen die „Elektrischen Bahnen Baden-Vöslau“ das Unternehmen und fuhren ab 16. Juli „elektrisch“ (erste normalspurige Straßenbahn Österreichs). Die Endstelle befand sich beim „Sacher“ unterhalb der Ruine Rauhenstein.

Nach großen Schwierigkeiten ging am 22. Mai 1895 die „Elektrische" von Baden nach Bad Vöslau der „Elektrischen Bahnen Baden-Vöslau" in Betrieb. (Im Triebwagen der Weikersdorfer Bürgermeister Johann Pötschner. Weikersdorf war bis 1912 eine eigene Gemeinde.) Die Bahn galt als eine Belästigung des Kurortes, aus dem nun reiche Equipagenbesitzer ausziehen würden. Die Fuhrwerker befürchteten ihren Konkurs. Am 14. Februar 1951 stellte die Vöslauer Bahn ihre Fahrten ein.

Die Ring-Rund-Linie (hier beim Kurhaus). Sie verkehrte ab 30. August 1899 auf der Strecke Josefsplatz – Franz-Joseph-Ring – Bahnhof – Wilhelmsring – Franzensring – Rainerring – Josefsplatz und erhielt 1917/18 hinter der Pfarrkirche ein Abstellgleis für den Hofsalonwagen, mit dem Kaiser Karl oft von Wien nach Baden kam; auch die Familie von Erzherzog Friedrich in der Weilburg benützte den Wagen häufig zu Fahrten in das Bad von Vöslau (Einstiegstelle Schimmergasse). 1928 übernahm ein Autobus die Ringlinie.

Triebwagen der Wiener Lokalbahnen vor dem Abfertigungspavillon am Josefsplatz. Die Wiener Lokalbahnen richteten 1899 eine elektrische Bahn von Leesdorf nach Guntramsdorf ein, wo man auf eine Dampftramway nach Wien umsteigen konnte. Der durchgehende Verkehr Baden/Josefsplatz – Wien/Giselastraße begann am 1. Mai 1907.

Der Postautobus mit der sogenannten „Ischler Karosserie" vor dem „Durchbruch" im Helenental. In den achtziger Jahren des vorigen Jahrhunderts tauchte die Idee der Öffnung des Wienerwaldes durch eine Bahn von Gramatneusiedl über Klausenleopoldsdorf nach Rekawinkel auf. Da daraus nichts wurde, erschloß man vor dem Ersten Weltkrieg das Waldtal bis Alland mit einer Autobuslinie.

Das Central-Hotel beim Bahnhof. ***Hotels und Gasthäuser*** *sind das Um und Auf eines Kurortes. Baden besaß vor dem Zweiten Weltkrieg rund 6.000 Betten, die 1937 etwa 750.000 Nächtigungen verzeichnen konnten. Um die Jahrhundertwende schossen die neuen Hotels geradezu aus dem Boden. Vom Bahnhof bis ins Helenental folgte eins auf das andere; den Beginn machte das Central-Hotel (1895), das die Galopper der Kottingbrunner Rennbahn (1915 abgebrannt) besonders bevorzugten. Von 1907 bis 1945 waren die Bezirkshauptmannschaft Baden sowie das Finanz- und Vermessungsamt darin untergebracht. 1945 brannte das Gebäude aus; 1985 entstand auf diesem Platz das neue Amtsgebäude für das Bezirksgericht, das Vermessungsamt und die Gendarmerie.*

Die Hotels Bristol und Ebruster (beide 1907) am Josefsplatz, der in den neunziger Jahren zum Verkehrsmittelpunkt der Stadt wurde und großstädtisch angelegt werden sollte. 33 Hotels, 18 Sanatorien, 24 Pensionen, 13 Hotelgarni, 46 Gasthäuser und Restaurants (daneben gab es noch 33 Kaffeehäuser und Konditoreien) boten 1925 rund 2.500 „Passagierzimmer“ an. Doch mit dem steigenden Verkehr lagen viele bald falsch. Aus dem Bristol wurde das Finanzamt, die Fa. Semperit kaufte das Ebruster als Wohnhaus, das Café Josefsplatz beherbergt eine Filiale der Bank Austria, das Josefsbad ist ein Restaurant geworden und das Frauenbad ein Ausstellungszentrum.

***D**as Café Schopf, eines der eleganten Musik-Cafés, in dem sich die vornehme Welt traf. Man erreichte seine Terrasse über die Löwenbrücke (seit 1898 Franz-Joseph-Brücke).*

Das Hotel „Stadt Wien" (links) war lange ein führendes Haus am Hauptplatz. 1786 von Philipp Otto als „Casino" errichtet, wurde es fortlaufend modernisiert. Seine Säle und sein Garten dienten Festlichkeiten und Bällen, da das Redoutengebäude ab 1885 als Museum benützt wurde und die Restauration des Kurhauses (seit 1886) dafür nicht immer geeignet war. Das Café Français, das mit seinem „Schanigarten" das Leben am Hauptplatz bestimmte, mußte 1914 seinen Namen in Café Central ändern. Es ist aus dem ehemaligen Palais Attems hervorgegangen, in dem 1828 der Herzog von Reichsstadt wohnte. Das Café Central ist das letzte der großen Kaffeehäuser von seinerzeit.

Das Grandhotel „Grüner Baum" lag im Zentrum des Kurgebietes und gehörte zum kleinen Imperium der einflußreichen Hotelierfamilie Carl und Clementine Suckfüll. 1876 wurde das „Stöckl" des Herzoghofes mit einer Mauer abgerissen. An seiner Stelle mauserte sich der einstöckige „Grüne Baum" aus 1869 von 1876 bis 1908 zum vierstöckigen Grandhotel. Dahinter beherrscht der kleine Turm der Antonskapelle die Theresiengasse, an den sich der Eingang ins Herzogs- und Antonsbad sowie in den alten Herzoghof, ein bescheidenes einstöckiges Gebäude, anschloß. An der Stelle des „Grünen Baums" steht seit 1966 die „Bäuerliche Sonderkrankenanstalt für Rheumakranke".

Der Pianist Alfred Grünfeld (zweiter von rechts) war Jahrzehnte hindurch der berühmteste Gast im „Grünen Baum". Wie kein anderer interpretierte er die Strauß-Walzer; im Sitzgarten war ihm eine Büste gewidmet.

Der alte Herzoghof, seit 1716 im Besitz der Stadt, nach dem Umbau von 1864 und 1877.

Franz Grillparzer war 1862 und von 1867 bis 1871 bekanntester Gast im Herzoghof. Der Lehnstuhl, den er dabei benützte, steht heute noch im Städtischen Rollettmuseum. 1865 wurde der Dichter Ehrenbürger von Baden.

Mit dem neuen Herzoghof erhielt Baden 1908/10 sein „nobelstes Hotel", ausgestattet mit den modernsten „Passagierzimmern" und mit der Ring-Rund-Linie bequem erreichbar.

__D__er „Schwarze Bock“ lag schon fast an der Grenze zu Weikersdorf, der 1850 geschaffenen Nachbargemeinde. Hier komponierte Karl Millöcker 1881 seinen „Bettelstudent“. Dahinter stand das „Pergerhaus“, in dem 1839 Marianne Hainisch (1839–1936), die Vorkämpferin für Frauenrecht und Frieden, geboren wurde.

Das Hotel „Goldener Löwe“ gegenüber der Franz-Joseph-Brücke (bis 1898 Löwenbrücke), erbaut 1896/97. Im „Salettl“ des Vorgängers dieses Neubaus spielte Karl Millöcker 1881 seinen Textdichtern Friedrich Zell und Richard Genée den 1. Akt des „Bettelstudenten“ auf einem angeblich entsetzlich verstimmten Klavier vor. 1962/63 wurde das Hotel abgebrochen, an seiner Stelle mündet die neue Vöslauerstraße in die Brücke. Der „goldene Löwe“, der dem Haus seinen Namen gab, befindet sich derzeit über einem Hauseingang am Beginn der jetzigen Vöslauerstraße.

Die Kuranstalt Schloß Gutenbrunn, 1897 von Dr. Gustav Lantin erbaut, war eine der modernsten Einrichtungen ihrer Art in Europa und bezog ihre Gäste vorwiegend aus dem Osten der Monarchie. Vorher stand hier das Schloß Gutenbrunn, das der Baron Karl Abraham Wetzlar von Plankenstern (sein Sohn Raimund spielt bei Mozart eine Rolle) 1781/83 aus dem alten „Posthof" gestaltet hatte.

Kaiser Franz Joseph I. besichtigte am 14. Juni 1899 die Gesundheitseinrichtungen des Sanatoriums Gutenbrunn, das mit seinem Hauptgebäude, der „Villa Maria“, dem „Alexanderhof“ und der sogenannten „Eremitage“ (Beethovenhaus) sowie den Nebengebäuden in einem großen Park lag. In der „Eremitage“ hatte Ludwig van Beethoven 1824 und 1825 gewohnt und dort drei seiner letzten fünf Quartette komponiert. Den „königlichen“ Abschiedsbesuch erhielt das Sanatorium 1961, als König Ibn Saud hier seinen Harem unterbrachte. 1973 entstand aus dem umgebauten Schloßtrakt mit Zubau das Hotel Gutenbrunn, die anderen Gebäude wurden abgetragen und an ihre Stelle das Kurmittelhaus und das Hallenbad gesetzt.

An der Stelle des eindrucksvollen Dreiviertelkreisbaues des ehemaligen Hotels und Sanatoriums „Esplanade“ befand sich vor 1912 das unscheinbare Wirtshaus „Am Anger“ des Alexander Deisenhofer.

Im Helenental entwickelte sich von etwa 1890 bis 1938 ein sommerliches Nahvergnügungs- und Erholungsviertel für Wien, das sogar ein beachtliches Nachtleben mit Livemusik anbot, als sich zum Etablissement Sacher die Kaffeehäuser Wiedhalm und Rauhenstein, die Hotelpension Legenstein mit Restaurant, das Hotel „Zur Flucht nach Ägypten“ und die Pension „Silvana“ gesellten. Nach 1945 konnte man an diese große Zeit jedoch nicht mehr anschließen.

URSPRUNG QUELLE

Wer sich in Baden nach seiner Ankunft einquartiert hatte, machte gleich einmal einen Spaziergang in den ***Kurpark****, der um 1850 einen Ausdehnungsschub nach Osten und bergwärts (Neuer Park) erhalten hatte. Der Stadtgärtner Josef Schaffhausen forstete von 1874 bis 1896 den Kalvarienberg auf, und sein Nachfolger Josef Krupka gestaltete bis 1932 daraus einen eleganten Park, der 1925 um den Teil beim Beethoventempel vergrößert wurde. Seine linke Flanke – eine Fremdenverkehrsgegend Badens seit der Römerzeit – bildeten bis 1885 drei Kureinrichtungen: das alte Theresienbad, die alte Trinkhalle sowie das Ursprungsbad mit dem Eingang zur Ursprungsquelle. Die beiden letzten – hier mit der Sommerarena im Hintergrund – gehen auf einen Bau des Grafen Lamberti von 1796 zurück, der 1898 noch einmal generalrenoviert und 1909/10 zum großen Teil abgetragen wurde.*

Die sogenannte „Alte Trinkhalle". Sie stand zwischen dem Theresienbad und dem Ursprungsbad auf dem Casinovorplatz. 1843/44 hatte sie die Stadt aus Holz erbaut, 1853 schloß ihre Ausstattung die Aufstellung des Trinkbrunnens von der Ursprungsquelle ab. Sie wurde 1885 beim Bau des Kurhauses abgebrochen.

Die oben offene „alte“ Arena war ein Sommertheater, das 1841 vom Wiener Theaterdirektor Franz Pokorny errichtet worden war. 1865 wurde sie erneuert und 1873 erweitert. Den Bühnenhintergrund bildeten die Bäume des Kurparks, bei Regen fretteten sich die Schauspieler mit Schirmen bis zum Ende des 1. Aktes durch, weil dann das Eintrittsgeld nicht mehr zurückgegeben werden mußte. Karl Millöcker (1842–1899), der 1887 das Haus Albrechtsgasse 6 (seine „Hundehütte“) kaufte, feierte hier Triumphe. Er pflegte seinen Garten selbst und unterhielt sich mit „Tonschi“ Kerner, der Tochter seines Nachbarn, beim Russisch-Kegeln, daneben sammelte er Ansichtskarten und zählte im Herbst seine geernteten Nüsse. Im Hause Conrad-von-Hötzendorf-Platz 8 starb er.

Der Vorhang in der „neuen“ Arena von 1906: Er diente der Werbung und bot den Arenabesuchern vom Miedersalon über die Generalvertretung der Autofirma De Dion Bouton bis zum Feigenkaffee alles an. Einen noch größeren Werbeeffekt für das Haus stellte aber die Erlaubnis dar, daß man in ihm rauchen durfte: „In der Arena, do is schena, weil die Männa rauchen kenna!“ war eine Devise, die manchmal mehr Besucher als das jeweilige Stück anzog. Ein „Star“ der Sommerarena war Carl Michael Ziehrer (1843–1922), der 1865/66 das Kurorchester dirigierte. Eine Reihe seiner Walzer und Polkas trägt Badener Namen; er förderte das Musikerheim und genoß – völlig verarmt – als Unterstützung in den Sommern 1919 bis 1921 selbst dessen Einladung. Viele Erinnerungsstätten in der Stadt weisen auf ihn hin.

Nach dem Bau des Kurhauses 1886 sollte eine neue Badeanstalt mit einem Logienhaus eine Achse zwischen den zwei Mehrzweckfunktionen des Kurortes – der gesellschaftlichen und der gesundheitlichen – im Kurpark herstellen. Das war die „Städtische Kuranstalt“ mit dem Parkhotel der Architekten Franz Krausz und Anton Tölk (seit 1969 das neue Parkhotel). Im gegenüberliegenden Kurhaus und im Park wirkte als berühmtester Kapellmeister von 1892–1905 Karl Komzák (1850–1905), laut Hanslick der bedeutendste Walzerinterpret seiner Zeit. Er kaufte das Haus Welzergasse 17 und komponierte unter vielem anderen mit den „Bad'ner Mad'ln“ die Hymne der Stadt. 1905 fiel er am Bahnhof beim Aufspringen auf einen Zug einem tragischen Unfall zum Opfer.

Der Musikpavillon stammt wie das Kurpark-Café aus 1894. Er war der Anziehungspunkt für eine riesige „Fangemeinde" aus Baden und Wien, die den feschen Militärkapellmeister Karl Komzák dirigieren sehen wollte, wenn der Staub, den die Damen mit ihren Schleppen aufwirbelten, dies zuließ.

Die Blumenuhr im Kurpark, ein Geschenk der Fa. R. Wallace, ist wohl das beliebteste Photomotiv bei den Kurgästen. Sie stand 1928 kurzfristig zwischen Undine-Brunnen und Kuranstalt (jetzt Parkhotel) und wurde 1929 zur Kurhausterrasse verlegt. Seit dem Casino-Umbau von 1992 zeigt sie neben der Sommerarena die Zeit an.

Die Trinkhalle des Architekten Josef Fischer und des Baumeisters Johann Rappold, erbaut 1928, war eine glatte Fehlinvestition, da niemand das Schwefelwasser trinken wollte. Bürgermeister Josef Kollmann hatte sich jedoch in den Kopf gesetzt, aus Baden das „Karlsbad in Österreich“ zu machen, und dazu gehörte eben auch eine Trinkkur. 1969 wurde daraus dann glücklicherweise ein Spielcasino.

Das Casino 1934 mit Terrassenzelt. Am 12. April 1934 nahm Baden als zweites Casino in Österreich nach dem Semmering das Spiel auf. Bürgermeister Josef Kollmann, ursprünglich ein jahrzehntelanger Gegner des Glücksspiels, betrieb aus wirtschaftlichen Gründen dessen Einrichtung energisch gegen alle Quertreibereien, getreu nach seinem Motto: „Spielen ist unmoralisch, wenn es aber in Österreich erlaubt ist, dann kann es auch in Baden sein." Das Kurhaus wurde der Weilburg als Standort vorgezogen und in drei Monaten innen adaptiert. Ein besonderes Geschäft versprach man sich von einem Terrassenzelt, das ein Spielen im Freien ermöglichen sollte. Der Erfolg war jedoch mäßig, und die Croupiers mußten bei Regen immer mit Stangen gegen die Zeltplane stoßen, damit das Wasser abfloß.

Für den Spielbetrieb wurden 1934 im großen Saal des Kurhauses 6 Roulette-Tische und 5 Baccara-Tische aufgestellt, sonst blieb die Ausstattung die des Kurhauses von 1886. Der Nahfremdenverkehr nahm nun sprunghaft zu, an den Wochenenden versuchten etwa 700 bis 1000 Personen ihr Glück; der feudale Casino-Bus bot eine günstige Verbindung nach Wien. Überzeugt worden war Bürgermeister Kollmann von der Wirtschaftlichkeit eines Casinos durch eine Reise ins damals aufblühende Ostseebad Sopot (Zoppot), dessen Hauptaktionär und Generaldirektor Bruno Wolff sein Berater wurde.

Das Casino im Jahre 1937. Bei der Casinogründung durch die Casino-A.G. war der Stadt ein großzügiger Umbau des Kurhauses versprochen worden, der für die Badener Wirtschaft lebenswichtig war und im September 1937 begann. Obwohl der Gemeinderatsvertreter der NSDAP, der spätere Bürgermeister Franz Schmid, 1933 gegen die Errichtung des Casinos gestimmt hatte, blieb Baden kurioserweise 1938 als das einzige Casino der nunmehrigen „Ostmark" bis 1944 geöffnet. Die NSDAP, die es ursprünglich fast verhindert hätte, übergab nun die Österreichische Casino-A.G. mit einer Konzession dem „Gau Niederdonau"! Geld stinkt eben nicht!

Der Casinoumbau von 1937 veränderte das Haus innen vollständig. Das betraf vor allem den großen Saal: Fenster und Plafondgemälde wurden verdeckt, die Emporen und Eisensäulen verkleidet, vier Wandbilder von Rudolf Eisenmenger schmückten die Stirn- und Rückwand, und ein schöner Brunnen wurde aufgestellt. Bürgermeister Josef Kollmann wäre freilich das Casino fast zum Verhängnis geworden: Bruno Wolff mußte 1936 Danzig verlassen und kam völlig verarmt nach Baden. Kollmann unterstützte ihn aus dem sogenannten „Kollmann-Fonds“, einer Stiftung der jüdischen Kurgäste für den Bürgermeister, und wurde dafür 1938 angeklagt; er gewann aber den Prozeß 1940.

Die Ursprungs- oder Römerquelle, die älteste und bekannteste Quelle Badens. Jeder, der früher nach Baden kam, benützte auch die ***Bäder****. Für sie verwendete man das Schwefelwasser, das 15 Quellen mit einer Temperatur zwischen 26,6 und 35,8° C lieferten. Der Quellraum (hier im Jahre 1893) besaß einen Schacht über der Quelle, den man mit Kerzen auf einem Blechschiffchen ausleuchtete.*
Die Heilbäder waren direkt über den Quellen gebaut, gebadet wurde normalerweise in den sogenannten „Piszinen“, den Gemeinschaftsbädern für Frauen und Männern, die man über getrennte Zugänge in langen Badehemden betrat. Der „Badwaschl“ sorgte für Ordnung!

DAMEN AUSGANG

In der sogenannten „Schwimmschule" (1847) waren Damen- und Herrenbassin streng getrennt, zu manchen Zeiten wurde sogar auf der Brücke dazwischen eine Trennwand aufgestellt, durch die besonders Neugierige Gucklöcher zu bohren versuchten, um dann enttäuscht ihre Mutter oder Schwester in der damaligen „Badevermummung" zu entdecken. Gebadet wurde in einer Mischung aus Schwefel- und Normalwasser. Im Hintergrund das „Wohltätigkeitshaus" (Mariazellerhof, 1825) für minderbemittelte Personen.

Das Strandbad, erreichbar mit der Rauhensteiner Elektrischen (links), sollte neben der Trinkhalle und dem Beethoventempel den Fremdenverkehr der Zwischenkriegszeit mit Gästen aus den Nachfolgestaaten der Monarchie neu in Schwung bringen. Es entstand 1926 in knapp 4 Monaten und stürzte die Stadt in bedeutende Schulden. Damals war es eines der schönsten und größten Bäder Österreichs, das bis 8.000 Besucher fassen konnte. Das Gebäude im Hintergrund ist die Villa „Reginensruhe" (1813, heute Restauration) des Grafen Aichelburg, die um die Jahrhundertmitte Graf Moriz St. Genois erwarb, von dem sie dessen Schwiegersohn Graf Arthur Bylandt-Rheidt erbte, der 1898/99 und 1901/1906 Kultus- bzw. Innenminister war.

Das älteste Freibad Badens bildete seit 1831 der Doblhoffteich. Damen und Herren hatten getrennte Badezeiten. Badeten die Damen, waren sogar die Alleen gesperrt! Darüber ärgerten sich die Männer, weil die Weiblichkeit die Männlichkeit taxieren konnte, für die Herren aber nicht festzustellen war, was bei der Krönung der Schöpfung Künstlichkeit oder Natur war, und sie die Katze im Sack kaufen mußten. Im Winter diente der Teich als Eislaufplatz. In den zwanziger Jahren wurde der Doblhoffpark von der „Badensia Gesellschaft" zu einer Vergnügungsanlage mit Freilichtkino umgebaut.

*In der Zeit des Liberalismus wuchs plötzlich die persönliche soziale Verantwortung des einzelnen und führte zu Vereinsgründungen auf dem Gebiet der **Gesundheit**, des **Sozialwesens**, des **Sports** und der **Sicherheit**, aber auch die Kommune erkannte neue Aufgaben der Öffentlichkeit. Im Bild der erste motorisierte Mannschaftswagen der Freiwilligen Feuerwehr, ein umgebautes Lastauto der Gemeinde, um 1920.*

Im Jahre 1895 bildete sich die Freiwillige Rettungsabteilung der Freiwilligen Feuerwehr Baden I, die auf Grabengasse 27 untergebracht war. Graf Wilczek spendete einen „Sanitätslandauer", wie man die Rettungswagen damals nannte. Ein Problem in Notsituationen war die Pferdebespannung, auch wenn man oft auf Fiaker zurückgriff.

Das erste Rettungsauto Badens, erworben von der Firma Gräf & Stift aus Ersparnissen der Freiwilligen Feuerwehr. Am 14. Mai 1914 wurde es hinter der Pfarrkirche dem Gemeinderat und der Öffentlichkeit vorgeführt.

Die Turnergruppe des „Deutschen Turnvereins" vor dem Turnsaal der neuen Pfarrschule (1878) im Jahre 1888. Die Gründung des „Deutschen Turnvereins" erfolgte 1862 in der alten Schießstätte in der Trostgasse; Sprecher des Vereins war Anton Freiherr von Doblhoff, der 1848 zweimal Minister gewesen war und zusammen mit dem Grafen Breuner Metternich zur Abdankung gedrängt hatte. Geturnt wurde im Hof des Hellhammerhofes und im Theresienbad, nach 1870 auf dem Turnplatz hinter der Sommerarena und ab 1878 in der Pfarrschule. 1922 wurde der „Christlichdeutsche Turnverein" unter Hofrat Ernst Zeiner und Prof. Dr. Kurt Knappe geschaffen.

Eislaufen am Doblhoffteich. Vor 1968 gab es keine Kunsteisbahn in Baden, Natureisbahnen wurden durch Aufspritzen erzeugt, oder man benützte die Teiche. Eine gewerbsmäßige Eisbahn lag am Doblhoffteich, die ob ihrer Feste berühmt war.

Die alte Schießstätte. Ursprünglich befand sich die Schießstätte im Schießgraben, das ist die heutige Grabengasse, und wanderte 1802 in die Trostgasse (die Mariengasse hieß damals Schießstattstraße). Die alte Schießstätte wurde 1882 verkauft und dort die Villa Biedermann errichtet.

Kaiser Franz Joseph I. in der neuen Schießstätte in der Schützengasse 26 am 14. Juni 1899 aus Anlaß des 9. Niederösterreichischen Landesschießens. Zwei bekannte Protektoren der „Schützengesellschaft" waren Erzherzog Karl Salvator und der vom Trabrennsport her bekannte Prinz Alexander zu Solms-Braunfels.

Im Jahre 1892 wurde der Badener Trabrennverein gegründet; Präsident war Prinz Alexander zu Solms-Braunfels, einer der Vizepräsidenten Arthur Krupp. 1893 entstand in 3 Monaten die Trabrennbahn mit ihrem Geläufe, den Tribünen, dem Totalisateur, dem Richterturm, dem Buffet-Pavillon und den Schwitzställen. Die Eröffnung erfolgte am 16. Juli 1893 – 15.000 Besucher sollen damals die Bahn bevölkert haben. 1894 wurde die Anlage bereits vergrößert, Ergebnis war das heute noch so ansprechende Bild einer Jugendstil-Rennbahn im „Laubsägedesign". Die Dotierung der „Internationalen Championship von Europa" überflügelte bereits 1895 jene vergleichbarer Rennen in der Wiener Krieau, und Baden zählte damit zu den führenden Bahnen Europas.

Im Jahr 1915 errichtete das Militär Baracken für ein Kriegsspital in der Vöslauerstraße (ähnlich später auch in der Braitnerstraße und am BAC-Platz). Sie dienten nach dem Krieg als Notwohnungen und waren die Elendsviertel Badens.

Die Nähe Badens zu Wien, seine Beliebtheit als Sommerfrische und kaiserliche Sommerresidenz ließen hier ab den den achtziger Jahren des vorigen Jahrhunderts ganze ***Villen-Viertel*** *entstehen, die meist den Historismus widerspiegeln und eine Reihe bedeutender Architekten vorweisen können. In einzigartiger Weise repräsentieren sie Lebensstil und Lebensgefühl des altösterreichischen Großbürgertums. Die Villa Gutmann in der Helenenstraße 72 in deutscher Renaissance-Architektur wurde 1882 von Alexander von Wielemans für Ida von Gutmann, der Frau des steinreichen „Kohlenbarons" Wilhelm Ritter von Gutmann, errichtet.*

Die Villa Biedermann auf dem Boden der ehemaligen Schießstätte in der Trostgasse. Der Architekt Hugo Zimmermann plante sie im florentinischen Stil für den Großhändler Viktor Biedermann Ritter von Turony. 1905 wurde hier dessen zweite Frau Lukretia ermordet. Der Mord blieb unaufgeklärt.

Die „Mercedes-Villa" in der Wienerstraße 45, einst ein kleines Mekka für Autofans. Der Generalkonsul Emil Jellinek-Mercedes (1853–1918, linkes Bild), ein genialer Automobilist und reicher Manager, war beim Lesen der „Fliegenden Blätter" auf eine Annonce der Firma Daimler gestoßen, die seine Verbindung mit dem Autowerk in Cannstatt begründen sollte: Im Jahre 1900 ließ er bei Daimler einen neuen Wagen herstellen, den er nach seiner Tochter „Mercedes" nannte. Damit war eine Weltmarke geboren, und Jellinek wurde der „Herr Mercedes", indem er auch seinem Familiennamen den Namen „Mercedes" anfügte. Die Villa hatte er 1884 einstöckig erworben und in den neunziger Jahren großzügig umbauen lassen; zum Teil lebte er mit seiner Familie hier, zum Teil auch in Nizza. 1945 brannte die Villa mit Ausnahme der Garage ab.

Neben der Hofhaltung von Kaiser Franz I. im Kaiserhaus am Hauptplatz in der Biedermeierzeit gab es auch eine Reihe ***„Nebenhöfe“*** *von Erzherzögen, die mit dem Kaiser in dessen Sommerresidenz zogen bzw. sich in der 2. Hälfte des Jahrhunderts hier ansiedelten. Der wichtigste „Nebenhof“ lag in der Weilburg (1823), die Erzherzog Albrecht (kleines Bild) von seinem Vater Erzherzog Karl erhalten hatte. Albrecht war als Sieger von Custozza (1866) eine militärische Legende und einer der reichsten Männer Europas, der seinen Industrie- und Gutsbesitz vorbildlich verwaltete. 1858 ließ er neben der Weilburg die neugotische Kapelle von Anton Hefft bauen.*

Erzherzog Friedrich mit Familie. Erzherzog Albrecht adoptierte die Söhne seines Bruders Erzherzog Karl Ferdinand und der Erzherzogin Elisabeth, Friedrich, Karl Stefan und Eugen. Friedrich erbte von Albrecht einen ungeheuren Besitz an Industrie und Landwirtschaft. Besonders durch sein Monopol in der Milchwirtschaft kontrollierte er die Belieferung Wiens und bekam daher auch den Spitznamen „Mülli-Fritzl". Die Weilburg gehörte ebenfalls zu diesem Erbe. Friedrich war als Feldmarschall Oberbefehlshaber während des Ersten Weltkrieges (bis 1917). Seine Frau, die Erzherzogin Isabella, wegen ihrer Walkürenerscheinung auch „Busabella" genannt, wirkte als Förderin der Frauenbildung.
Zu Kaiser Karl herrschte ein gespanntes Verhältnis, weil dieser Friedrich abgesetzt hatte und durch seine Restaurationsversuche in Ungarn die Absichten Isabellas, ihren einzigen Sohn Albrecht (geboren 1897 in der Weilburg) zum König von Ungarn zu machen, durchkreuzte.

Neben der Weilburg wurde die „Rainer-Villa“, Rainer-Weg 1–3 (Ecke Karlsgasse), von besonderer Wichtigkeit für Baden. Das Gebäude im Neorenaissance-Stil war von Otto Wagner 1867 ursprünglich für den Bankier Gustav Ritter von Epstein errichtet worden, dieser mußte es aber nach dem Börsenkrach 1873 an Erzherzog Rainer verkaufen, der in der Kornhäuselgasse 10 die Stallgebäude hinzufügen ließ. Erzherzog Rainer wurde als Liberaler 1857 Präsident des Ständigen Reichsrates, 1960 des Verstärkten Reichsrates und 1861 der erste konstitutionelle Ministerpräsident Österreichs. Daneben wirkte er von 1872 bis 1906 als Oberkommandierender der Landwehr, zudem war er ein bedeutender Förderer und Mäzen von Kunst und Wissenschaft. Anläßlich der Goldenen Hochzeit des Paares 1912 dankten ihm die Badener mit einem großen Festzug. Die Villa wurde 1923 von der Erzherzogin Eleonore, verheiratete von Kloss, übernommen, die als „Hoheit“ bis zu ihrem Tod 1974 eine respektgebietende Dame in Baden war.

Die „Eugen-Villa". Erzherzog Wilhelm, ein Sohn von Erzherzog Karl, beauftragte 1883 den Architekten Franz Ritter von Neumann jun. mit dem Bau eines Jagdschlosses in der Weilburgstraße 103–105, gegenüber vom „Sacher". Man nennt sie „Eugen-Villa", da sie 1894 Erzherzog Eugen von ihm erbte. Wilhelm war Artillerie-Inspektor und von 1863 bis 1894 regierender Hoch- und Deutschmeister. In dieser Funktion wurde er der Förderer Carl Michael Ziehrers, des Kapellmeisters des Infanterieregiments Hoch- und Deutschmeister Nr.4 (1885–1893). Ziehrer spielte dem begabten Pianisten und Musikkenner alle seine Kompositionen vor und legte großen Wert auf dessen Urteil. 1894 erlag Wilhelm einem tragischen Unfall: Als er sein Pferd an die neue Elektrische nach Rauhenstein gewöhnen wollte, warf ihn dieses ab und er starb an seinen Verletzungen.

Die Meierei von Schloß Weikersdorf war wegen ihres Kaffees und ihrer Kipferl berühmt. Neben den Habsburgern spielten vor allem die Herrschaften Weikersdorf und Leesdorf eine Rolle. 1741 kam die Herrschaft Weikersdorf in den Besitz der Doblhoffs, die sich in der Badener Gesellschaft und in der österreichischen Politik führend betätigten. Aus dem Schloß und der Meierei wurde 1975 das Clubhotel Weikersdorf.

Das Kaiserhaus am Hauptplatz. 1917/18 wurde Baden wieder zur ***„Kaiserstadt"****: Kaiser Karl I. verlegte nach seinem Regierungsantritt 1916 das Armeeoberkommando von Teschen nach Baden, das im Jänner 1917 hier seinen Dienst aufnahm. Er selbst wohnte mit seiner Familie in Laxenburg und Baden. Als „allerhöchstes Hoflager" erhielt das Kaiserhaus wieder seine Wachposten; das Armeeoberkommando selbst wurde auf zahlreiche andere Unterkünfte aufgeteilt. Vom Kaiserhaus und der Pfarrschule aus wurde 1918 der verhängnisvolle Waffenstillstand mit Italien geschlossen, der einen großen Teil der österreichisch-ungarischen Armee in Italien in Gefangenschaft brachte („Sieg" von Vittorio Veneto). Baden wurde damals zum Schauplatz der Liquidation des Habsburgerreiches.*

Am 6. Juli 1917 traf Kaiser Wilhelm II. zu einem Besuch bei seinem Bündnispartner Karl in Baden ein. Die beiden Monarchen trugen – wie es sich gehört – jeweils die Uniform der verbündeten Armee. Auf dem Bild des Malers Carl Probst begrüßt eben Bürgermeister Dr. Trenner die zwei Kaiser, während sich der Gemeindeausschuß bei der Pestsäule etwas eingeschüchtert zusammendrängt. Kaiser Wilhelm ahnte damals noch nichts von dem Brief Karls an seinen Schwager Sixtus von Bourbon-Parma vom 24. März 1917, in dem Karl die Abtretung von Elsaß-Lothringen als gerechte Forderung der Entente hingestellt hatte.

Der Kaiser und seine Familie gehörten 1917/18 zum Stadtbild und waren in die Feste Badens eingeschlossen. Hier überreicht am 13. Mai 1917 die kleine Ingeborg Kühnelt aus der Antonsgasse Kaiser Karl I. ein Festmedaillon anläßlich des „Kaiserin Zita-Tages“. Die Kaiserin war ehrgeizig und wußte um die Stimmung gegen die „Italienerin“, weshalb sie diese PR-Arbeit tatkräftig unterstützte.

An der Auferstehungsprozession 1917, die hier aus der Frauengasse kommt, nahm Kaiser Karl mit dem Kronprinzen Otto (weißes Kleid) – heute Dr. Otto Habsburg, Mitglied des Europaparlaments in Straßburg – teil. Rechts im Vordergrund der Badener Stadtpfarrer Prälat Karl Frim, ein bekannter Mundartdichter, hinter ihm als Ministrant der spätere Stadtarzt Dr. Franz Gruber.

Kaiserin Zita und Erzherzogin Isabella („Busabella") bei der Eröffnung im „Zitaheim" (15. August 1918). Die „Gesellschaft für erweiterte Frauenbildung und Frauenberufe" unter ihrer regen Präsidentin Adolfine Malcher konnte erst mit Hilfe der jungen Kaiserin den Plan verwirklichen, ein Wöchnerinnenheim einzurichten. Zita hatte anläßlich der Geburt ihres fünften Kindes in Baden (5. März 1918) die nach diesem benannte „Karl Ludwig-Stiftung" ins Leben gerufen und unterstützte mit dieser sowie mit 10.000 Kronen aus ihrer eigenen Schatulle das Unternehmen der „Feministinnen" von Baden. Sie setzte ihre Förderung auch noch nach dem Krieg fort.

***B**aden ist nicht nur Kurort und Heilbad, es ist seit 1480 auch eine* **Stadt** *mit allen Einrichtungen eines Bezirksvorortes. Ihren Mittelpunkt bildete schon immer der Hauptplatz mit der Pestsäule aus 1717/18, auf ihm spielte sich alles Wichtige in der Stadt ab. In den zwanziger Jahren veränderte sich hier vieles: Aus den Fiakern wurden Taxis, der Platz hieß zwar noch Kaiser-Karl-Platz, Kaiser gab es aber keinen mehr, im Rathaus regierte seit 1919 eine neue Partei – die christlichsoziale – und im Kaiserhaus war mit dem Lotterie- und Verkehrsbüro Prokopp das „Glück in Baden“ eingezogen. Nur das Café Central, das Hotel „Stadt Wien“ und das Transparent des Trabrennvereins blieben gleich – Brot und Spiele braucht jede Zeit!*

Im Jahre 1927 eröffnete die Sparkasse Baden – eine Gründung aus dem Jahre 1868 – eine Filiale am Hauptplatz. Zwischen den beiden Damen steht Bürgermeister Minister a. D. Josef Kollmann, der Vereinsvorsteher der Sparkasse.

Das Badener Rathaus liegt seit 1529 am Hauptplatz, das jetzige Gebäude stammt von Josef Kornhäusel (1815) und wurde 1893/95 in der Rathausgasse vergrößert. Seit 1850 besetzte das Bezirksgericht (zeitweise auch die Bezirkshauptmannschaft und das Steueramt) den 1. Stock, das erst 1985 in das neue Amtsgebäude am Conrad-von-Hötzendorf-Platz übersiedelte.

Das Rathaus von Weikersdorf. Baden und Weikersdorf wurden erst 1912 nach großen Schwierigkeiten auf beiden Seiten zusammengelegt. Bis dahin hatte Weikersdorf seit 1850 sein eigenes Rathaus. Am 6. Mai 1905 wurde noch schnell das vom Architekten Rudolf Krausz entworfene Gebäude bezogen – viele meinen, ein kleiner Racheakt, um vor der Zusammenlegung das Geld der Gemeindekasse nicht in die Hand der Badener fallen zu lassen. 1914 wurde das Weikersdorfer Rathaus zum Städtischen Rollettmuseum.

Die alte Landschaftsapotheke, die sich bis 1891 im Nachbarhaus des Rathauses befand, das dem Apotheker und späteren Bürgermeister Johann Nepomuk Trost (1832–1866) gehörte. Hier soll Beethoven 1823 in ein homerisches Gelächter ausgebrochen sein, als man ihm erzählte, daß sein Vermieter in der Rathausgasse die ungehobelten Fensterläden, die seine Kritzeleien trugen, als „Souvenir“ verkauft hätte.

Natürlich hat es in Baden auch immer das gegeben, was man auf gut österreichisch „Typen" nennt. Besonders malerisch war die „Mistarretiererin", die sozusagen den Straßenkehrer unterstützte, indem sie mit ihrem spitzbewehrten Stecken allerlei Wiederverwendbares von der Straße aufspießte.

Das Schuhwarenhaus von Emil Kraft am Hauptplatz neben dem Café Français (1909 abgetragen). Kraft war unter anderem im Gemeindeausschuß tätig und stellte 1922 in der 1. Regierung Seipel den Handelsminister (Großdeutsche Partei).

Zwei typische Badener Geschäftsportale in der Pfarrgasse gegenüber dem Stadttheater: die Papierhandlung Ferdinand Mohr, die seit 1883 besteht und seit 1969 – umgebaut und erweitert in eine Buch- und Kunsthandlung – von Prof. August Breininger, Bürgermeister von Baden (ab 1988) und Landtagsabgeordneten, geführt wird,

sowie die Spezerei- und Delikatessenhandlung Josef Florian. Diese war für die „einfacheren“ Leute vorwiegend wegen ihres Schinkenspecks und ihres Schinkenbeins, einem beliebten Heurigenproviant, interessant. Das Florian-Geschäft wurde Anfang der siebziger Jahre aufgelassen.

Bürgermeister Josef Kollmann besaß in der Pfarrgasse ein Wirkwarengeschäft, aus dem ihn sozusagen Bundeskanzler Ramek (der Mann mit dem Hut in der Hand) am 15. Februar 1926 als Finanzminister in seine zweite Regierung holte. In der Amtszeit Kollmanns wurde die Finanzkontrolle des Völkerbundes aufgehoben. Die Badener Geschäftswelt scheint also geradezu ein Sprungbrett für Minister gewesen zu sein!

Kochkurs im Jahre 1907. 1885 war in Krems der „Allgemeine niederösterreichische Volksbildungsverein“ gegründet worden, 1889 trat Baden als Zweigverein bei. In dessen Rahmen riefen die Lehrer H. E. Ebenführer und Julie Burtscher eine „Kochschule“ ins Leben, in deren Rahmen sie in der Küche und im Speisesaal des „Stiftungshauses für skrofulöse Kinder“ (Hildegardheim) ab 1896 jährliche Kochkurse für junge Badenerinnen abhielten. Daneben gab es seit 1880 die „Gesellschaft zur Verbreitung wissenschaftlicher Erkenntnisse“, den daraus 1893 entstandenen „Verein der Nö. Landesfreunde“ und seit 1923 die „Badener Urania“.

Die Pfarrkirche St. Stephan geht auf einen gotischen Bau aus 1477 zurück; 1880 begann ihre Regotisierung, 1884/85 wurde die Restaurierung des Presbyteriums (Öffnung von drei Fenstern und Sakristei-Anbau) durchgeführt, die 1893 durch die Aufstellung des neugotischen Hochaltars abgeschlossen wurde. So zeigte sich der Kirchenplatz 1890 nach Abbruch des Mesnerhauses, das in seiner Mitte stand. Zwischen 1803 und 1811 lag hier der Wochenmarkt, von 1825–1889 der Körnermarkt.
Der Wiener Arbeiterapostel Anton Maria Schwartz, der Gründer der Calasantiner-Kongegration, wurde 1852 in Baden (Kaiser Franz Joseph-Ring 24) geboren. 1933 übergab Nationalrat Leopold Kunschak an diesem Haus eine Gedenktafel, die sich seit 1991 in der Kirche St. Josef im „Pater A. M. Schwartz-Zentrum" befindet. Der 1949 eingeleitete Seligsprechungsprozeß für Pater Schwartz steht knapp vor seinem Ende.

Das „Alte Theater“ war ein Kornhäuselbau aus 1811/12, das einige Umbauten bis zu seinem Abbruch 1908 erlebte. Es lag auf einem kleinen Platz hinter dem sogenannten „Hellhammerhof“, der den jetzigen Theaterplatz zur Pfarrgasse abriegelte und nur eine schmale Zufahrt beim Haus Theaterplatz 1 offenließ. Man hieß es das „Hoftheater an der Schwechat“, und alle Theatergrößen Wiens spielten hier. An der Stelle des Hellhammerhofes steht heute das „Batzenhäusel“. Eng verbunden mit dem Theater war die Badenerin Katharina Schratt (1853–1940), die als Kind zum erstenmal in der Sommerarena auftrat und von 1886 bis 1916 die Freundin Kaiser Franz Josephs I. war. Ihr Großvater, der Arzt Chrysostomos Schratt, spielte in Baden eine wichtige Rolle.

Das Redoutensaalgebäude. Von 1799 bis 1801 errichtete der Theaterdirektor Johann Georg Wilhelm im Anschluß an den Vorgängerbau des Kornhäuseltheaters das sogenannte „Redoutengebäude", das Veranstaltungszwecken diente und in dem der Theaterdirektor zur Verbesserung seines Einkommens „auskochen" durfte. Zur Biedermeierzeit soll die Bekleidung der Damen bei den Festivitäten hier recht durchsichtig gewesen sein, wie der Eipeldauer berichtet. Ab 1863 beherbergte es zum Teil Schulklassen, und ab 1885 diente es als Museum für die Rollettsche Sammlung. 1908 wurde es wegen des Theaterneubaus abgebrochen.

Das Badener Theater bot in der Zwischenkriegszeit ein gutes Programm, insbesondere als Gastspieltheater. Da kam es dann manchmal zu Sternstunden. Eine solche ereignete sich, als am 24. März 1925 Pietro Mascagni (1863–1945) dirigierte. Hier steht er vor dem Stadttheater (Mitte); rechts außen Musikdirektor Karl Wiesmann, unter dem das Theater und die Kurmusik große Erfolge feierten.
Ein eifriger Förderer des 1913 eröffneten „Musikerheimes" am Ziehrerweg war neben C. M. Ziehrer auch Edmund Eysler (der kleine Herr mit Spitzbart und Spazierstock), der einige Jahre hindurch 2% seiner Tantiemen dem Haus widmete und oft in Baden war.

Das „Beethovenhaus" in der Rathausgasse 10. Hier wohnte Ludwig van Beethoven 1821, 1822 und 1823 und komponierte große Teile der IX. Symphonie und der Missa solemnis. Damals gehörte das Haus einem Kupferschmied. Später befanden sich in dem Haus die Bäckereien Zinnober und Nöstinger, deren Kennzeichen bis 1963 ein hoher Rauchfang war. Die jetzige Gedenkstätte entstand 1963/65, als die Gemeinde das Haus erwarb und renovierte.

Der „Grüne Markt" landete nach langem Herumwandern 1884 auf dem Leopoldsplatz (heute Brusattiplatz), nachdem die Gemeinde 1883 den Leopoldshof (Heiligenkreuzerhof) mit dem Leopoldsbad gekauft hatte. Die Marktfahrer aus der Umgebung schlugen hier ihre beweglichen „Standln" auf. Die sogenannten „Hockerinnen" hatten nicht einmal das, sondern „hockten" hinter ihrer Ware, die sie vor sich ausbreiteten. Im Leopoldshof waren „Einsätze", in die die Standler ihre Sachen einlagern konnten, und das Marktamt, an dessen Spitze der Marktkommissär stand. Die ursprünglich geplante Markthalle wurde nie gebaut.

Der Israelitische Tempel (1878) – daneben gab es zu verschiedenen Zeiten am Kaiser-Franz-Joseph-Ring, in der Breyerstraße, in der Braitnerstraße und in der Wassergasse jüdische Bethäuser – geht auf einen Saal aus 1871 im Garten des Hauses Grabengasse 14 zurück. 1876 wurde die Israelitische Kultusgemeinde Baden gegründet, die 1879 die Liegenschaft mit dem Bethaus erwarb. 1872 wurde in der Halsriegelstraße 30, südlich des Stadtpfarrfriedhofes, ein einfaches Gebäude auf dem Israelitischen Friedhof errichtet, aus dem 1904 eine Zeremonienhalle wurde. 1939 kam es zu Zerstörung bzw. schweren Beschädigungen dieser religiösen Stätten. Die Friedhofshalle existiert nicht mehr, doch der Friedhof wurde wieder in Ordnung gebracht; der „Tempel" in der Grabengasse wartet noch auf eine Restaurierung.

Das alte Gaswerk in der Waltersdorferstraße. 1863 schloß die Stadt unter dem eher biedermeierlichen Langzeitbürgermeister Johann Nepomuk Trost (1832–1866) – Baden hieß zu seiner Zeit auch „Schwarzgelbowitz“ – einen 25-Jahresvertrag mit zwei englischen Unternehmern, der diesen die Gasbeleuchtung von Straßen und Plätzen sowie privater Gebäude erlaubte. Im Dezember 1865 brannte in Baden das erste „weiße Licht“. 1876 erwarb die „Allgemeine österreichische Gasgesellschaft“ in Triest das Unternehmen, 1906 die Gemeinde. Der erste Gasbehälter in der Waltersdorferstraße erhob sich 1878, 1907 ersetzte ihn der heute noch vielen Badenern bekannte „Teleskopgasbehälter“. Das alte Gaswerk war eine recht rußige Angelegenheit, machte aber von der Schwechat aus einen geradezu industriellen Eindruck.

Der „Laternenanzünder“ gehörte bis in unser Jahrhundert zum gewohnten Stadtbild.

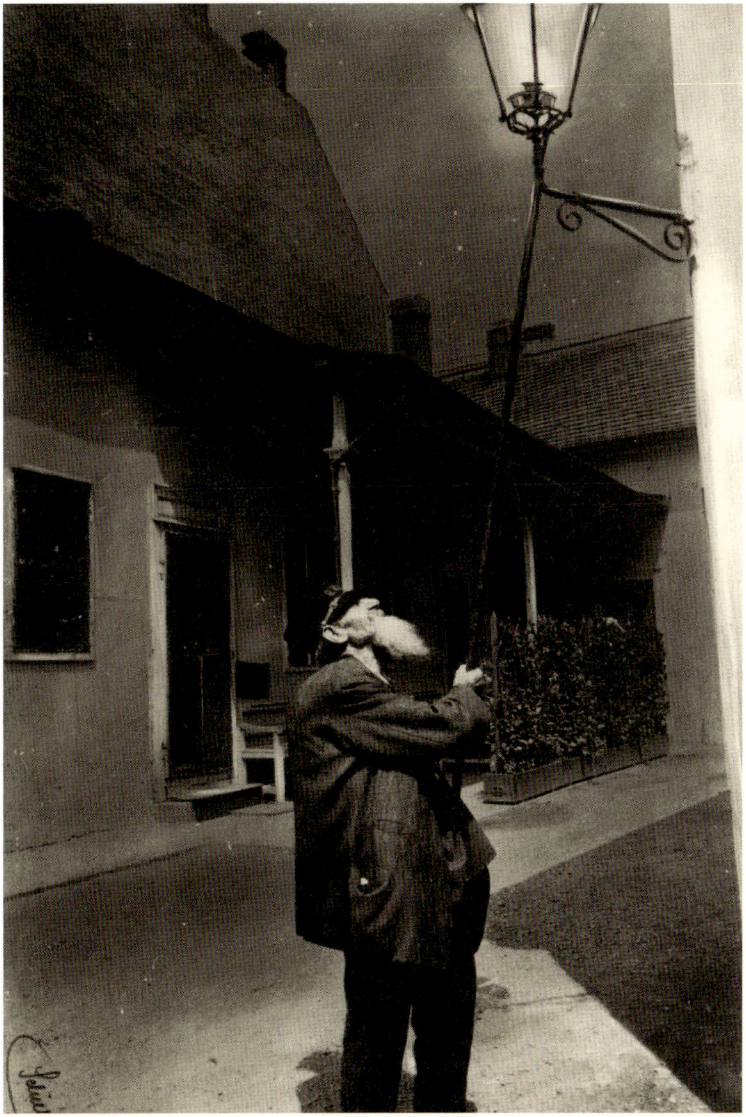

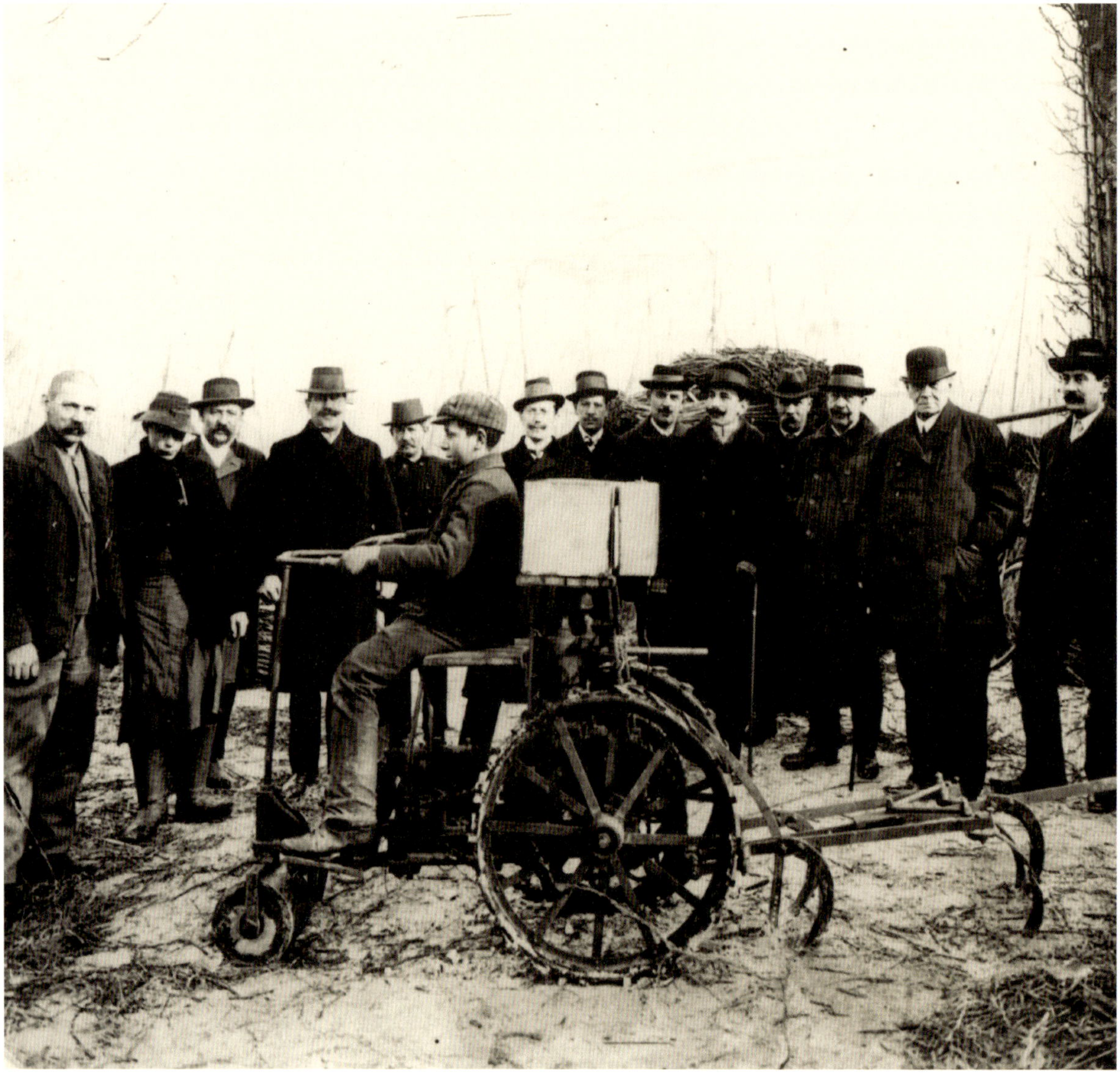

Baden war schon immer eine Weinstadt. Nach dem Ersten Weltkrieg begannen die ersten Versuche einer maschinellen Bearbeitung – der „Traktor“ wurde den eher skeptischen Hauern vorgeführt. Diese hatten sich gerade erst von einem vernichtenden Schlag erholt: In den achtziger Jahren war die Reblaus in unser Gebiet eingefallen.

Der Hauer Franz Schwabl, Gründer des „Vereins zur Bekämpfung der Reblaus“. Gemeinsam mit Josef Gleichweit holte er sich die notwendigen Informationen aus Ungarn und Frankreich; die Sparkasse stiftete 1888 einen Unterstützungsfonds, und der Badener Reichsratsabgeordnete Dr. Gustav Marchet (1848–1916) trieb die Reblausgesetzgebung voran.

Die Heurigenlokale waren damals sehr einfach: das Preßhaus, die Küche, das Schlafzimmer oder der Garten – alles naturbelassen wie der Wein, der in der „Stockkultur“ wuchs und ohne Maschinen bearbeitet wurde (rechts Josef Gleichweit).

Der Holzrechenplatz (1805) bei der Weilburg. Die Schwechat wurde auch zum „Holzschwemmen“ benützt: In Klausenleopoldsdorf befand sich die Hauptklause zum Stauen des Wassers, im Frühjahr wurden die Holzscheite im Bachbett aufgeschlichtet und mit einem Wasserschwall nach Baden „geschwemmt“. Beim Holzrechenplatz floß das Wasser über einen Holzrost ab, die Scheite blieben liegen, wurden an Land gekarrt, in Stößen gestapelt und wegtransportiert.

Das Helenental war die Nobelgegend Badens – von der Wiener Hochquellwasserleitung bis zum Durchbruch. Dominiert wurde es von der Weilburg des Erzherzogs Karl; in den achtziger Jahren begann dann das Villenviertel zu wachsen (Villa Gutmann, Eugen-Villa). Mit der Eröffnung der Pferdebahn nach Rauhenstein (1873, links von der Straße) entstand um die Helenenkirche und die Ruine Rauhenstein, dem damaligen – freilich entlegenen – Ortskern von Weikersdorf, ein ansehnliches Fremdenverkehrszentrum. Von hier aus ging es in die Thermenalpen und weiter in den Wienerwald, in jene Natur, deren einmaliges Erlebnis in den Besuchern aus der Reichs-, Residenz- und späteren Bundeshauptstadt Wien immer wieder den Wunsch auslöste: „Fahren wir nach Baden!“

Weikersdorf
Dörfl
Rauhenstein
Haussätze
Lange Feld
Gutenbrunn
PARK
Schloss Doblhoff
BERG GASSE
HELENEN STRASSE
WEILBURG STRASSE
Schwimm Schule
Engels Bad
Sauer Bad
Marien Spital
Hüterhütte
Wilhelms Weg
FELD G.
Mühle